LA

RÉPUBLIQUE

A SES AMIS

PAR M. D***

PARIS

E. PLON ET Cⁱᵉ, IMPRIMEURS-ÉDITEURS

RUE GARANCIÈRE, 8 ET 10

1875

Tous droits réservés

LA RÉPUBLIQUE

A SES AMIS

Je suis aujourd'hui la République française : l'étais-je avant le 25 février 1875? Qu'importe? Je suis aujourd'hui la République française. J'ai eu deux sœurs aînées en France, dont l'existence inégale a été de courte durée : l'une a vécu sept ans à peine, et l'autre moins de quatre. Nous avons eu toutes trois, à notre naissance, le despotisme pour parrain ; nous sommes entrées dans le monde sous de mauvais auspices. Mon existence sera-t-elle plus longue que celle de mes devancières ? Mieux comprise, plus heureusement traitée qu'elles, mieux dirigée, mieux conduite, dois-je espérer un avenir dont le terme serait si reculé qu'on pût le dire sans fin ? Ou bien le sort de celles qui m'ont précédée m'attend-il fatalement ? Dans cette incertitude, qu'on ne s'étonne pas si la prévoyance me porte à m'occuper de l'héritage que je possède maintenant, et si je m'inquiète du gouvernement qui devra prendre la place qu'on m'aura fait quitter.

La principale chose que les philosophes anciens recommandent à l'homme avec toute raison, c'est de se connaître soi-même. Quand l'homme se connaît bien en effet, connaissant par là les autres hommes, il est disposé à en tenir grand compte, parce qu'il veut qu'on tienne grand compte de lui-même. S'il se reconnaît des droits, il reconnaît que les autres en ont comme lui, et il sait que ces droits ne peuvent subsister qu'en en sacrifiant mutuellement une partie. S'il est tenté d'exiger l'accomplissement des devoirs auxquels il peut prétendre, il sait qu'il en a lui-même à remplir; et il se montre tolérant et indulgent pour qu'on le soit à son égard. Cette connaissance est donc bonne ; et l'on peut dire qu'elle est la première et la principale des connaissances. Pourquoi faut-il qu'elle soit si rare ?

N'est-il pas bon aussi que j'essaye de me connaître, et de plus, de me faire connaître ? La difficulté n'est pas petite, je ne l'ignore pas; mais je veux tenter de la surmonter.

D'abord que suis-je ? Un mot... un mot qui s'applique à quelque forme de gouvernement que ce soit; car dans tout gouvernement il y a toujours une chose publique. Quand on me prend comme forme de gouvernement spécial, figurant dans la nomenclature qui comprend les autres formes, monarchie, empire, etc., seule entre elles, je n'offre rien à l'esprit qui le saisisse et l'arrête par un établissement précis. Il y a un roi dans une monarchie, un empereur dans un empire, et à ce n'est pas seulement un homme inamovible, toujours en évidence, qui dirige l'État ; c'est encore l'hérédité, qui, au moment de la mort de ce roi, de cet empereur, saisit son successeur, qui le remplace sans interruption, sans intermittence. Mais qu'y a-t-il en moi ? Je suis, si je puis ainsi dire, le siége toujours prêt, où prennent tour à tour place tous ceux qui arrivent au pouvoir, quels qu'ils soient, de quelque manière que ce soit, avec quelques idées que ce soit. Il faut avouer qu'il y a là pour moi une infériorité de position qu'on ne peut méconnaître. Avant de voir ce qui peut lui venir en aide, je ne dis pas la faire disparaître, je vais chercher et exposer les causes qui ont arrêté si court la marche de mes sœurs.

La république était-elle possible en 1792 ? Après la destruction d'une royauté, qui durait depuis douze siècles, après la mort violente du dernier monarque immolé par la révolution ; après la suppression d'une aristocratie répandue sur toute la surface du pays, et qui fut en partie dépouillée ; après la mainmise sur les biens d'un clergé puissant, et leur vente ; après la domination absolue d'une Assemblée qui avait répandu le sang à flots, et qui s'était décimée elle-même dans des luttes où d'exécrables ambitions personnelles s'agitaient, comme cela se voit toujours lorsque toutes les prétentions peuvent se donner carrière ; après les regrets et les haines bien concevables, comme conséquence de ce que je viens de dire ; après les misères sans nombre et en permanence qui avaient éprouvé le pays, auquel on avait donné comme compensation une gloire éblouissante, mais non pas sans mélange, car il avait subi de cruels et nombreux revers ; après les coups d'État du gouvernement, brisant la volonté nationale, exprimée par les élections, transportant sans jugement ses élus et deux de ses propres membres ; après l'intervention des armées dans le gouvernement, et surtout de celui qui, deux ans plus tard, devait supprimer et remplacer violemment ma sœur aînée ; après le mépris public de toutes les lois foulées aux pieds ; après l'anarchie, résultat inévitable de l'organisation politique de l'époque ; après tout cela, est-il surprenant que cette pauvre sœur, à laquelle on l'imputait, ait été anéantie, avec l'approbation publique, par le coup d'État du 18 brumaire, qui lui laissa quelque temps encore son nom par une amère dérision ?

Qu'étaient devenues les illusions, les espérances, les promesses du début de la révolution ? On croyait alors sincèrement au règne de la raison, et au bonheur qui devait en découler ; mais, hélas ! les illusions s'étaient dissipées, les espérances avaient été déçues, et les promesses, comme toujours, se trouvaient sans effet pour ceux qui les avaient reçues. La raison, qui est la vérité sous un autre nom, était restée au fond de son puits, d'où n'était pas sorti le bonheur qui lui faisait compagnie.

Si la restauration monarchique s'était faite alors, que serait-il arrivé ? Qui peut le dire avec certitude ? Mais quinze ans plus tard on a vu cette restauration, qui fut un bonheur pour la France : les événements ont alors montré ce qu'il y avait encore de préjugés, d'aveuglement, de passions, de rancunes, dans la plupart de ceux qui avaient bien le droit de n'aimer pas la révolution ; mais qui n'avaient pas assez de raison et d'esprit politique pour comprendre quelles avaient été son influence et son action indestructible sur le peuple français. Quinze ans plutôt, qu'eussent été ces préjugés, cet aveuglement, ces passions, ces rancunes ?

Pourquoi la république de 1848 succomba-t-elle sitôt et si facilement sous le coup d'État du 2 décembre 1851 ? Elle vint sans être attendue, et en violation de la loi ; elle fut, comme on l'a dit, un effet sans cause ; elle succédait à un gouvernement honnête, qui avait donné à la France la paix, la liberté, l'ordre et, par suite, la prospérité, c'est-à-dire les choses qui doivent être le but de tout gouvernement. Puissent-elles n'être pas comme ce budget d'un milliard, que saluait un habile homme d'État, en disant qu'on ne le verrait plus. Il avait bien raison ! Aujourd'hui ce budget est au delà de deux milliards et demi, et où s'arrêtera-t-il ? Puissiez-vous au contráire, Français, saluer de nouveau un gouvernement pareil à celui que vous avez perdu en 1848 ! Puisse-t-on faire en sorte que moi, République, je le fasse revivre un peu ! J'aurais titre et droit alors à une durée indéfinie.

Comment la république qui prenait la place d'un tel gouvernement ne l'aurait-elle pas fait avec désavantage ? La république imposée (car c'est ainsi qu'on la traite en France ; quelques individus la proclament et la voilà gouvernement du pays sans sa participation), la république vit fondre, comme la neige sous un soleil ardent, cette prospérité naguère si grande, et ses chefs, sans autre droit que celui qu'ils prenaient, durent imposer de lourdes charges à la nation, en lui demandant tout à coup et de suite près de la moitié en sus de ses impôts directs. La transition était dure, et n'était pas faite pour concilier la bienveillance et l'affection au gouvernement.

Ce n'est pas tout; il fallait essayer d'établir un gouvernement régulier. La partie la plus essentielle de toute constitution, celle qui fait les électeurs, fut improvisée par une volonté unique, et il fallut que le pays s'y soumît. Autrefois, il y a longtemps, bien longtemps, les législateurs à qui l'on donnait mission de l'être étaient les hommes les plus éminents, les plus capables, les plus désintéressés, les plus sages, et munis d'une grande expérience ; aussi organisaient-ils des sociétés républicaines d'une durée infinie. Aujourd'hui les législateurs doivent souvent leur titre à l'audace; inspirés par la passion et l'ambition, ils règlent l'État au hasard. Ce qu'ils cherchent surtout, c'est à assurer le succès à leurs idées et à leurs prétentions; tant mieux si le pays y trouve son compte! tant pis s'il ne l'y trouve pas! Et comme ce dernier cas est le plus fréquent, les constitutions se précipitent les unes sur les autres, avec une rapidité que la France seule connaît; aussi est-elle en travail de sa onzième constitution depuis quatre-vingt-quatre ans : cela fait pour celles qui ne sont plus une durée moyenne de huit ans et demi. La belle vie! Quoi qu'il en soit, tous les Français, à partir de vingt et un ans, furent appelés à prendre part à l'élection ; c'était au nom de la souveraineté nationale et pour la mettre en action qu'on agissait ainsi.

Une assemblée sortit des élections, qui le premier jour de sa réunion proclama je ne sais combien de fois la république. Était-elle inspirée par ses sentiments républicains ? ou bien n'était-elle pas en défiance, disons le mot, en crainte du lieu où elle siégeait ? Cette assemblée avait à peine quelques jours d'existence qu'une insurrection envahit le lieu de ses séances et chercha par la violence à la dissoudre, sans y parvenir. Il faut avouer que cela ne montrait pas un haut respect de la souveraineté nationale. Un mois après, une insurrection, bien plus formidable que la première, attaquait l'Assemblée nationale et le gouvernement, qui dut la combattre avec énergie et l'emploi de toutes ses forces, sans avoir la certitude d'en triompher. Il parvint pourtant à la comprimer à force d'efforts et de sang répandu, et sept généraux que la guerre étrangère avait épargnés y périrent, ainsi que l'archevêque de Paris, qui voulait arrêter cette lutte fratricide. Quels mobiles dirigeaient les insurgés ? Ces mobiles n'avaient rien de politique ; c'était à la société que les insurgés s'attaquaient ; c'était sa constitution tout entière qu'ils voulaient anéantir et refaire. On conviendra encore qu'il n'y avait pas là de quoi rassurer le pays : le bien-être n'y était guère ; l'incertitude, la crainte de l'avenir resserraient dans les plus étroites limites tout ce qui était commerce, industrie, affaires ; on vivait au jour le jour et on vivait mal. Ma pauvre sœur, sous le nom de laquelle tout se faisait, souffrait cruellement dans sa considération et son influence. La plupart des esprits la regardaient comme la cause de tout ce qui se passait, et tout ce qui se passait n'était pas bon. Déjà l'on voulait, on cherchait le moyen de sortir de l'état où l'on était, et auquel tout autre semblait préférable.

La malencontreuse constitution qu'on fit alors n'établissait qu'une seule chambre, avec un président nommé par le suffrage universel. C'était donner à ce président une autorité et une puissance concentrées, dont ne pouvait approcher aucune autre puissance, aucune autre autorité. Les législateurs croyaient sans doute au désintéressement et à l'abnégation de celui qui serait élu : était-ce bien prudent? était-ce bien habile ?

Pour réussir auprès du peuple il faut un nom généralement connu. Cette notoriété dispense de tout, et le peuple s'y rallie. En 1848, il ne restait qu'un homme en France avec cette notoriété, qui était de nature diverse, comme l'influence qu'elle exerçait. Le prince Louis-Napoléon Bonaparte, avant 1848, avait à sa charge deux actions d'un triste éclat, qui l'avaient fait connaître surtout à la partie la plus aisée et la plus éclairée du pays; et lorsqu'il fut à Ham pour y expier ces actions, il s'y trouvait sans exciter ni curiosité, ni intérêt. Cette notoriété-là ne l'aurait guère servi. La masse de la nation, qui avait de la sécurité et du bien-être, était alors parfaitement indifférente à son égard. Mais lorsqu'après la révolution cette sécurité, ce bien-être avaient disparu, et qu'il s'agit de nommer un président, le prince Louis-Napoléon avec son nom, le seul des grands noms qui pût s'offrir à la France, avait un prestige que rien n'était capable de balancer. Ce prestige, du reste, n'était nullement attaché à sa personne; il eût été le même pour quiconque eût porté le grand nom de Napoléon ; le peuple n'en demandait pas plus et ne jugeait point au delà. Le prince se présenta donc aux suffrages libres du pays ; ils lui arrivèrent, on sait avec quelle spontanéité et quel entrain ; et il faut le dire, parce que cela est vrai, le peuple en le portant à la présidence croyait le porter à l'empire.

Voilà donc un président nommé avec le pouvoir et les vues que vous savez; le voilà à la tête d'un pays troublé, agité, incertain de son sort, mécontent de celui qu'il a, et tenu chaque jour en haleine, après les cruelles épreuves qu'il a subies, par la perspective de nouvelles épreuves, et par des menaces de bouleversement. Ne vous étonnez point, après cela, de ce qui est arrivé : là et là seulement sont les causes du facile succès du coup d'État. La violence avait fait la république en 1848; la violence la défit en 1851. C'est ainsi que mourut ma pauvre sœur cadette, après une durée bien moindre encore que celle de notre sœur aînée. L'une et l'autre tour à tour a été le vestibule de l'empire. Et moi...? mais n'anticipons pas.

Ma naissance fut aussi irrégulière que celle de mes sœurs, et l'on me mit au monde dans les temps les plus néfastes. Ce fut une maladresse et une faute. Ce fut une faute; car je n'ignore pas combien il y a de préventions contre moi, et je n'aurais pas dû être seule à le savoir. Lorsque la France avait besoin du dévouement de tous ses enfants pour la lutte malheureuse dans laquelle elle était engagée, fallait-il, en me faisant son gouvernement absolu, risquer de refroidir le moins du monde l'ardeur si nécessaire de tous? Ce fut une maladresse; car je présidai aux revers répétés qui abattirent successivement la France, et l'on put m'en imputer la responsabilité. On a fait ma part trop grande, je le crois, mais, hélas! je ne puis disconvenir que j'en ai une dans ces temps déplorables. C'est aussi sous mon nom que fut conclu le traité funeste et nécessaire qui mit fin à la guerre : combien il eût été plus habile de m'épargner cette amère conclusion de nos malheurs! Ce n'est pas tout : depuis que la guerre est finie, c'est sous mon nom encore que les choses se sont passées. S'il y a de l'hésitation à s'engager dans les affaires, si le travail est restreint, si les salaires sont moins abondants et moins élevés, etc., on dit que c'est ma faute. Cette faute, on veut la détourner de moi en disant que la république, telle qu'elle était avant le 25 février 1875, était la chose publique, qui est partout, et que le gouvernement républicain n'existait pas. A la bonne heure! Mais nous voici arrivés au temps où ma naissance irrégulière a été légitimée, et où le gouvernement républicain existe en effet.

C'est ici qu'il s'agit pour moi de me bien connaître, et de me faire bien connaître : c'est ici qu'il s'agit de

bien connaître ceux dont je suis le gouvernement. D'a-
bord, comme forme de gouvernement, que puis-je en
comparaison des autres? Je n'hésite point à dire qu'il
n'en est aucune qui puisse donner à l'homme autant
de dignité, autant de cette vraie liberté, qui n'est telle
que parce qu'elle se renferme dans des bornes légi-
times, autant de respect pour la loi, parce qu'elle
émane de sa volonté juste et droite. Je vois ici la perfection à laquelle je voudrais atteindre; mais cela est-
il possible? Il faut admettre une intelligence générale,
éclairée par des lumières infaillibles, un désintéressement complet, un dévouement absolu. Doit-on les
attendre? Si tout cela existait en effet, quel besoin serait-
il d'un gouvernement quelconque? La perfection humaine, car ce serait elle, dispenserait de toute règle et
de tout frein inutiles. Mais il faut compter avec la nature
de l'homme, qui est loin d'être parfaite; il faut la
prendre avec ses aspirations, ses passions, ses ambitions, ses erreurs, et il n'est pas de gouvernement où
elles soient plus vives et plus fréquentes que sous le
gouvernement républicain, avec le suffrage universel,
parce qu'il n'en est pas où elles puissent si facilement
s'éveiller, se produire, et chercher à se satisfaire. Je
l'ai déjà dit, dans une monarchie, le Roi, toujours présent à la tête de l'État, ne laisse point d'espoir et
anéantit la prétention d'y arriver à tout citoyen, quel
qu'il soit : c'est un élément d'agitation de moins;
c'est une cause pour se renfermer dans des prétentions
modestes, mais assez grandes encore pour donner car-

rière à l'activité et à l'ambition humaines, avec avantage et sans danger pour la société. Chez moi, au contraire, la première place est toujours accessible; et toutes les prétentions, toutes les ambitions peuvent y aspirer; et au milieu des compétitions sans scrupule, des luttes ardentes, acharnées, engagées pour arriver au but, surviennent l'incertitude, l'inquiétude, qui ralentissent et arrêtent l'activité commune, et amènent à leur suite le malaise, la gêne et même la détresse. Il y a donc là plus qu'un inconvénient; il y a ce que je ne crains pas d'appeler un danger, qu'il faut avoir sans cesse en vue pour y parer, ou tout au moins pour l'amoindrir.

Quel est de plus l'état social auquel on m'applique? C'est une vieille société où le *moi*, l'égoïsme tient une large place, où l'on rapporte beaucoup à soi-même. Il faut donc faire en sorte de contenir cet égoïsme dans de justes et fortes limites, pour en tirer tout ce qu'il renferme d'utile à la société, et se prémunir contre ses aspirations nuisibles. C'est là l'œuvre des lois fondamentales, sur lesquelles on me fera reposer. Je vais voir ce que doivent être quelques-unes d'entre elles pour me donner force et durée.

Une chose importante, essentielle, dans tout gouvernement représentatif, et qui l'est surtout dans le gouvernement républicain, c'est, je l'ai déjà dit, la composition du corps électoral. Qu'on songe que tout en dépend; que d'un côté son ignorance, ses passions, ses convoitises, ses emportements momentanés; de l'autre côté, les séductions de toute sorte auxquelles il est exposé, et facilement en proie, peuvent amener des choix détestables, agitant, ébranlant, bouleversant le pays. Et quand les choses sont venues à ce point, le peuple lui-même, leur premier et inconscient auteur, est prêt à se jeter dans les bras de qui lui promet la sécurité et la prospérité qui en est la suite : le despotisme alors inévitable ne lui pèse point; il s'en accommode sans peine; car dans de pareils moments, il n'y a que quelques hommes qui déplorent et sentent l'absence de la liberté. Quel sera donc le mode d'élection le plus convenable dans l'état présent des choses, et la disposition qui semble être celle des esprits?

Je crois le suffrage universel direct mauvais, et je crois que chaque collége doit nommer un seul député. Pourquoi le suffrage universel direct me semble-t-il mauvais? Parce qu'il n'est pas possible qu'il ait un discernement suffisant de ce qui est à vouloir et à faire pour le bien du pays, et, que par suite, sa souveraineté s'exerce souvent pour son propre dommage. Éclairez-le, criera-t-on! C'est bien ma volonté; et l'on verra plus tard, si l'on veut m'aider en cela, combien j'y suis disposée, car je regarde comme un devoir de le mettre à même d'être aussi instruit qu'il est possible qu'il le soit.

Mais qu'entend-on quand on dit qu'il faut éclairer le peuple? Ce n'est pas en général ce qui devrait être raisonnablement compris. Ce que peut en effet l'instruction primaire dont on veut parler, c'est surtout de procurer les moyens à ceux qui la reçoivent de régler eux-mêmes leurs affaires privées, sans avoir besoin d'en

commettre à d'autres les secrets par suite de leur ignorance. Qu'on donne donc cette instruction partout;
mais qu'on la donne en en montrant le but réel, et
qu'on prémunisse ceux qui la reçoivent, et ceux
même qui la distribuent, contre les prétentions qu'ils
auraient, et qu'ils n'ont que trop souvent de se croire,
aptes à juger des questions dont la hauteur les met
hors de leur portée. C'est à quoi l'on est bien loin de
songer, ce que l'on est par conséquent bien loin de
faire. Tout au contraire, s'il est une chose qu'on croit
devoir sortir de l'instruction primaire, c'est la science
politique, qui serait aussi facile que les plus simples
règles de l'arithmétique, et qui serait ainsi la science
de tout le monde. Ce serait là, il faut en convenir, un
grand progrès, un progrès inespéré! Et comme il vien-
drait à propos dans un temps où jamais plus nom-
breuses et plus grandes difficultés ne se sont montrées!
Il faudrait, toutefois, reconnaître que cette science devrait avoir des degrés différents; car on ne préten-
drait pas sans doute que la science issue de l'instruction
primaire fût la même que celle venue des connaissances nécessaires au magistrat, à l'ingénieur, au
médecin, à l'astronome, etc., etc., à moins toutefois
qu'on ne la crût indivisible, et que quand on en a une
partie on l'a toute.

Si l'homme pouvait se donner des leçons à lui-
même, les occasions fourmilleraient où il pourrait le
faire. A-t-il besoin de connaître son droit pour attaquer
ou pour se défendre? Il ne se fie pas à ses propres lu-

mières, il s'adresse où il croit pouvoir en trouver, à grands frais quelquefois; et ces lumières ne sont pas toujours sûres, malgré la source autorisée où il va les chercher. Cependant cette loi, dont il demande la connaissance, elle est écrite, elle est dans les mains de tout le monde : nul même n'est censé l'ignorer. Malgré cela il ne se hasarde pas à marcher seul; il veut de l'aide, il sent qu'il en a besoin. Et tout cela, pourquoi? parce que son intérêt, ou son amour-propre est en jeu. En d'autres cas, ne pourrait-il pas dire : je n'ai point appris la politique; je ne dois pas la savoir : cependant de son application résulte le bien ou le mal du pays, mon propre bien ou mon propre mal : je dois être circonspect, prudent, ne m'aventurer que de manière à ne rien risquer, à ne rien compromettre ?

Si l'on disait à un homme, conduit par de longues et sérieuses études au but qu'il voulait atteindre; si l'on disait à un médecin, par exemple : Vous êtes instruit, vous savez la médecine, vous pourriez être ingénieur, ce médecin croirait qu'on se moque de lui, et ne saurait guère gré à celui qui, de son autorité privée, étendrait et doublerait ainsi sa science. Il en serait de même de toute autre personne à laquelle, sous prétexte qu'elle est bien au courant d'une chose, on voudrait persuader qu'elle peut et doit l'être d'une autre chose, sans rapport avec celle-là. Mais, si par un langage contraire, on disait à tous les hommes instruits qu'ils ignorent la politique, ils seraient bien plus mal disposés pour ce langage que pour celui qui leur attri-

2

buerait un mérite imaginaire. La politique est une science qu'on prétend avoir par surcroît; et quand on n'en a pas d'autre, on a toujours au moins celle-là. On ne se fait pas de leçon à cet égard.

On sait qu'à égalité d'intelligence, les plus habiles dans une profession quelconque sont ceux qui s'y livrent tout entiers, sans distraction et sans partage d'aucune sorte. La plupart des hommes font de la politique à heure perdue, ou bien selon les circonstances. Se disent-ils qu'ils ne peuvent pas être de bons politiques?

Ceux au moins dont l'esprit a été ouvert et agrandi par l'étude, dira-t-on, n'ont-ils pas été par là même préparés à la connaissance des choses politiques, qui doivent avoir moins de mystères pour eux? Il y a là quelque apparence de raison qu'il faut voir. Je viens de le dire, faire d'une seule chose son étude absolue donne le moyen d'exceller dans cette chose, et on la possédera d'une façon supérieure, si l'on a une intelligence élevée et cultivée : c'est surtout la politique qui voudra cette étude sans partage, et cette grande et rare intelligence. Mais si la politique est une distraction, ou une science que chacun se forge au gré de son esprit dans le milieu où il se trouve, alors elle ne donne de véritables lumières qu'à ceux dont la profession ou la fonction les met en position de connaître l'homme. Ainsi, le magistrat appelé chaque jour à voir un nouveau côté du cœur humain en fait forcément en quelque sorte l'étude et la connaissance, c'est une partie de sa fonction ; aussi voit-on chez les magistrats un esprit politique prudent, qui les anime presque tout entiers. Celui, au contraire, qui a fait des mathématiques sa principale étude, dominé par leurs formules absolues, ne connaît rien de ce qui s'en écarte. Il ne doute pas, il est tout d'une pièce et se crée des principes d'une rigidité que rien ne tempère. S'ils étaient mis en pratique, ils se heurteraient incessamment contre la nature humaine, qu'ils froisseraient d'abord, mais contre laquelle ils finiraient par se briser.

Le médecin, en général, est un peu comme le mathématicien, mais par d'autres raisons : il ne croit guère qu'à ce qu'il trouve sous son scalpel ; ce qu'il n'y rencontre pas n'existe pas pour lui. Il est *positif,* et ne voit souvent dans l'homme qu'un être animé comme les autres êtres : c'est une espèce dans la variété des espèces. Sa politique se ressent de ses appréciations, et c'est surtout la nature matérielle de l'homme qui en est le principe et le fondement.

Qu'on ne croie pas que je veuille interdire la politique dans un gouvernement républicain : cela serait contre toute raison et contre tout bon sens. Mais ce que je voudrais, c'est que la politique fût sérieuse comme elle doit l'être entre ceux qui aspirent à faire prévaloir leurs idées, et que les électeurs fussent juges éclairés entre les divers systèmes qui prétendraient s'appliquer au gouvernement du pays. Il ne dépendra pas de moi que cela soit, autant que possible ; on le verra tout l'heure. Pour le moment, revenons à l'élection.

Je n'ai, comme je l'ai dit, qu'une médiocre confiance dans le suffrage universel direct; et je crois qu'il vaudrait mieux pour lui-même, parce que cela vaudrait mieux pour le pays, qu'il s'exerçât à deux degrés. Ce serait toujours la même puissance en lui, puisqu'il choisirait ceux qui lui plairaient, comme un mandant choisit son mandataire, qu'il juge souvent plus capable que lui-même de défendre et de régler ses intérêts. Personne d'ailleurs, sans exception, ne méconnaît que le suffrage universel cède à des influences inévitables, et qu'il ne peut se diriger lui-même. L'expérience et la raison confirment cette manière de voir. Or, si le suffrage universel cède à coup sûr à des influences, ne vaut-il pas mieux que ces influences soient près de lui qu'étrangères? Celles-là, il les connaît, parce qu'il connaît ceux qui les exercent; et soit qu'il les accueille ou qu'il les repousse, il agit en connaissance de cause; tandis que c'est toujours aveuglément qu'il agit à l'égard des influences étrangères. Il marque donc mieux ses sentiments en déléguant son pouvoir qu'en en usant directement lui-même. Il y aurait à coup sûr plus de lumières et un intérêt mieux entendu dans les électeurs de second degré, que dans la masse électorale, et il y aurait plus de chances pour le bon choix des députés, qui seraient élus isolément dans chaque circonscription électorale.

J'aurais souhaité que la seconde chambre fût élue par les électeurs de la première, auxquels on en aurait joint un quart, formé des plus imposés de la circonscription, qui aurait nommé un sénateur. On aurait ainsi donné au Sénat une force puisée dans les éléments de son élection, plus grande, à mon sens, que celle qu'il tirera des éléments auxquels on en a remis le choix. On aurait, de plus, évité le très-grave inconvénient de faire de tous les corps élus du pays des corps politiques, inconvénient auquel ils n'échapperont pas, quoi qu'on fasse, par suite des attributions électorales qui leur sont données.

On a grand tort, selon moi, de donner le droit d'élire à vingt et un ans. On fait ainsi des électeurs auxquels la loi civile ne reconnaît pas assez de discernement et de raison pour décider eux-mêmes de l'acte le plus important de la vie, le mariage : elle croit, sans réclamation d'aucune sorte, que l'inexpérience du jeune homme et ses passions au point de leur plus grande ardeur et de leur plus grand aveuglement, doivent lui interdire la libre disposition de lui-même ; et c'est alors qu'on l'appelle à intervenir dans la chose la plus délicate, la plus difficile, la politique ! On dira qu'à vingt et un ans la loi permet au jeune homme de disposer de ce qui lui appartient ; et que s'il est capable ainsi d'administrer et de disposer, il peut l'être de voir ce qui convient le mieux aux intérêts du pays. Je ne vois pas quel rapport il peut y avoir entre deux choses si dissemblables. Quand un jeune homme a un bien dont il est le maître, il sait, sans grand effort, et il sent que s'il le dissipe, il se fait à lui-même un tort qui peut être irréparable. Et en ce cas, la loi n'est pas sans précaution à son égard ; elle lui réserve le conseil judiciaire et l'interdiction. Mais une fois lancé dans la politique en aveugle, avec toute l'impétuosité de son âge, où sera le frein qui le retiendra et l'arrêtera au besoin ?

Donner le droit d'être élu à vingt-cinq ans me semble encore une grande inconséquence tout au moins. Si à vingt-cinq ans on peut se marier malgré la volonté de ses parents, la loi veut encore qu'on agisse à leur égard d'une façon qui donne le temps de la réflexion, et permette l'espoir qu'on viendra à résipiscence. A cet âge, la loi n'admet pas qu'on puisse être juré : elle craint que, même après un débat contradictoire, on n'apporte pas assez de maturité dans les décisions, d'où dépendent les biens, la vie, l'honneur des accusés. N'y a-t-il pas d'ailleurs, sous bien des rapports, les plus sérieux motifs pour reculer jusqu'à trente ans le droit d'être élu ? Dans l'intérêt même du législateur, surtout s'il a un mérite qui puisse le mettre en évidence, n'est-il pas bon qu'il soit soustrait aux déterminations qu'on prend si facilement et avec si peu de raison à un âge trop près de la jeunesse ? N'est-il pas bon qu'il ne s'engage pas témérairement dans une voie dont il reconnaîtrait en vain plus tard le danger ?

n'en sortirait plus sans compromettre sa considération et son influence, et il n'y resterait pas sans faire le sacrifice coupable d'une conviction venue avec la maturité ?

J'aurais sous la main bien des exemples du péril

pour le pays et pour eux-mêmes, d'avoir des hommes politiques trop jeunes ; je n'en citerai qu'un seul illustre entre tous. Camille Desmoulins, ce malheureux jeune homme, qui fut lancé dans la politique à moins de vingt-sept ans, y prit une large place qu'il dut à un incontestable talent. Avant de mourir à trente-deux ans, il demandait pardon à Dieu et aux hommes de ses déplorables erreurs, dont il ne put racheter les effets terribles, et dont il mourut la victime.

Je suis la République, et l'on doit attendre de moi de la franchise : si j'en manquais, je manquerais à ma mission de vérité, de bien, par conséquent ; car la vérité est toujours utile, comme l'erreur est toujours dangereuse. Je dirai donc sur la liberté de la presse en France ce que l'amour du bien public m'inspire, et comment cette liberté peut y contribuer d'une façon que j'appellerai souveraine.

Pourquoi la justice est-elle la justice ? En d'autres termes, comment les magistrats jugent-ils équitablement ? C'est qu'ils ont par la loi tout ce qu'il faut pour être convenablement instruits des choses sur lesquelles ils ont à décider. Chaque partie, en effet, doit comparaître devant eux ; elle expose les raisons qui militent en sa faveur, et montre à l'occasion les torts de son adversaire. Ce n'est qu'après un tel débat contradictoire que le juge prononce, et le fait en connaissance de cause. Que dirait-on d'un tribunal qui jugerait après avoir entendu une seule des parties ?

Que doivent être les électeurs? Ne doivent-ils pas être des juges entre les hommes qui aspirent au gouvernement du pays? Mais pour être juges, il faut qu'ils soient éclairés; or, aujourd'hui peut-on dire qu'ils le soient en effet? Ne décident-ils pas sans connaître les opinions, les idées, les systèmes entre lesquels ils prononcent? Ne sont-ils pas absolument dominés et conduits par la seule voix, qui se fait entendre d'eux, et qui n'a que des éloges pour ce qui lui plaît, que des réprobations pour ce qu'elle ne veut pas? En un mot, les électeurs ne sont-ils pas, comme les magistrats, qui seraient sans justice, parce qu'ils seraient sans lumière, n'écoutant que les préventions qu'on aurait éveillées en eux.

Ce qu'il faudrait donc, ce serait le moyen de porter la lumière partout, et de réaliser cette instruction générale, dont j'ai déjà dit que je voudrais voir la France dotée. Or, ce moyen existe, selon ma conviction, et il est simple et facilement applicable, ce qui ne veut pas dire qu'il serait facilement accepté et appliqué : il faudrait que dans chaque journal la première colonne appartînt au gouvernement pour les insertions qu'il voudrait y faire. Qu'on veuille bien voir la chose en elle-même, indépendamment de toute autre considération.

Qu'est-ce qu'on appelle la liberté de la presse? C'est le droit donné à chaque citoyen de reproduire presque instantanément et à l'infini ce qu'il pense, ce qu'il veut, et de le communiquer partout. La presse est une invention moderne et une puissance plus moderne encore.

Autrefois, lorsque l'imprimerie n'existait pas et que les manuscrits seuls étaient connus, on leur crut en certain cas assez d'influence, tout restreints qu'ils étaient, tout limité qu'était le nombre de leurs lecteurs, par les frapper d'une peine terrible : la peine de mort fut édictée par Auguste contre les auteurs de libelles diffamatoires.

Dix-sept cent cinquante ans plus tard, la même peine fut établie en Angleterre contre certains écarts des journaux. Dans des temps bien plus près de nous, et en France même, les journaux purent être déclarés coupables d'attentat contre la sûreté de l'État. On voit combien dans les époques les plus dissemblables, en apparence du moins, la publicité manuscrite et restreinte, ou imprimée et étendue, fut considérée comme pouvant avoir des conséquences redoutables ; et elle les a en effet.

La presse est, comme toutes les choses humaines, mêlée de bien et de mal. Si elle est une garantie indispensable de liberté, de justice, de respect du droit ; si elle est un instrument sans pareil d'amélioration en tout genre, de recherche et de manifestation de la vérité, de diffusion de connaissances utiles et de lumières bienfaisantes ; si, en un mot, elle est un élément de bien général d'une part, de l'autre elle est un moyen d'erreur, de diffamation, de calomnie, de dégradation morale, de bouleversement et de ruine.

Je ne crois pas que rien de ce que je viens de dire soit contestable. Mais faut-il que la presse soit et reste telle qu'elle est, un instrument incertain de bien et de mal ? Ne doit-on pas vouloir, au contraire, donner toute force au bien, ôter tout pouvoir au mal ? Or, pour cela, quel moyen plus efficace que de mettre dans chaque journal au besoin la discussion contradictoire, n'échappant à personne, et portant partout ses fruits ? Tout homme de bonne foi ne doit-il pas vouloir qu'il en soit ainsi ? Personne n'oserait dire qu'il veut séduire et tromper ceux à qui il s'adresse : le meilleur moyen, le moyen infaillible, s'il en est un, de dégager la vérité dans tout ce qui se publie par les journaux, n'est-ce pas de la chercher dans la contradiction, quand elle a sujet de s'exercer ? Est-il un seul homme, quelque bien doué qu'on le suppose, qui puisse se prétendre en possession générale de la vérité ? Ce qui est vrai, c'est qu'il y a seulement une portion plus ou moins grande de vérité dans chaque individu, mêlée de plus ou moins d'erreur ; et ce qui est à désirer, c'est que cette portion de vérité reste seule, séparée de l'erreur qui l'environne et la gâte. Or, encore une fois, quoi de plus propre à produire cet heureux effet que le débat public ? Au lieu de ces hommes de parti, insuffisamment éclairés, entre lesquels la population se divise, on aurait des juges aussi éclairés que possible, choisissant entre les diverses opinions qui auraient été débattues devant eux. C'est ainsi que se réaliserait cette instruction partout répandue, dont j'ai parlé ;

instruction telle que nulle autre chose n'est capable de l'amener; instruction qui élèverait l'intelligence générale du pays à un niveau jusqu'ici inconnu.

On dira sans doute qu'il y a des lois contre les torts des journaux, et qu'on peut y recourir : cela est vrai. Mais voyons quelle est l'efficacité de ces lois. Lorsqu'un journal est mené devant la justice, qui se rend par le jury, il n'y arrive qu'après avoir franchi les limites de ce qu'on trouve tolérable. Mais jusque-là le journal n'a-t-il pas chaque jour fait ce qu'il a pu pour porter au gouvernement les coups les plus funestes? Car ces coups répétés ont eu pour effet des blessures, qui s'enveniment graduellement, sans que rien soit capable d'y porter remède. Voilà le journal devant le jury; que va-t-il se passer? Je sais bien qu'on appelle le jury la justice du pays; mais je sais bien aussi que lorsqu'il s'agit de délits, ou même de crimes politiques, on pourrait prédire à coup sûr ce qu'on nomme son *verdict,* si l'on connaissait la manière de voir de tous ceux qui le composent. Le journal est-il déclaré non coupable? Quel triomphe pour lui et pour le parti dont il est l'organe! Et avec quelle nouvelle ardeur il va monter à l'assaut du pouvoir, qui, *ayant reçu une leçon,* hésite et recule devant de nouvelles poursuites, pour lesquelles il craint un nouvel insuccès, suivi d'une recrudescence d'attaques? Le journal est-il condamné? D'abord le mal qu'on lui impute, le dommage qu'il a causé sera-t-il réparé, ou seulement atténué? Pas le moins du monde! La peine infligée sera subie; et le journal sera considéré comme une victime, comme un martyr même, dont l'influence ne fera que grandir : car le journal a inoculé ses idées, ses sentiments à ses lecteurs, qui ne font qu'un avec lui. Que voit-on là pouvant entraver les révolutions dont la France est périodiquement affligée (car je ne parle que d'elle)?

On dira encore qu'il y a des journaux d'opinions différentes qu'on peut lire, et qu'on verra ainsi le pour et le contre sur le même sujet. Sans doute cela est *possible;* mais qu'on voie ce qui fut fait autrefois. Se reportant au temps antérieur à la révolution de février 1848, on trouvera qu'il y avait alors environ deux cent mille électeurs : c'étaient les hommes les plus riches du pays, ceux par conséquent chez lesquels devait se trouver l'instruction la plus élevée, qui n'est en général accessible qu'à ceux qui ont de la fortune et des loisirs. Cherchait-on alors la lumière, en lisant habituellement des journaux d'opinions différentes? Non! La plupart étaient à la merci de leur unique journal; et ils ont fini par se détrôner de leurs propres mains.

Si les choses se sont ainsi passées sous la monarchie de Juillet, peut-on raisonnablement espérer qu'il en sera autrement du corps électoral actuel? N'est-il point à la merci des journaux qu'il lit ou qu'il entend lire? à la merci de ceux qui veulent l'attirer à eux en le séduisant par des promesses et des perspectives impossibles à réaliser?

Supposez au contraire la mise en pratique de ce que je propose, tout change à l'instant même dans le jour-

nal et, par suite, dans les lecteurs. Le journal, sachant
que la contradiction l'attend, sera juge soigneux et sé-
vère de ses propres sentiments; il mettra plus de réflexion et de maturité à ce qu'il adressera au public.
Le journal se modérant ainsi lui-même, et portant sa
correction au besoin, sa liberté serait aussi grande,
plus grande même qu'elle n'a jamais été, sans dommage pour la société; et si par exception il était poursuivi, s'il paraissait devant le jury, il y trouverait de
véritables juges, que le débat public aurait formés, et
non des hommes de parti, comme cela n'a que trop
souvent lieu maintenant.

Que si l'on trouvait exorbitant le droit que je veux
donner au gouvernement, sans réciprocité, je dirais
que ce droit ne servirait qu'au gouvernement qui serait
digne de sa mission, et dont les actes seraient inspirés
par l'intérêt public. Si les actes, si la conduite du pouvoir ne pouvaient se justifier, ce droit serait mortel
pour lui, et il succomberait bientôt sous son impéritie
et ses mauvaises tendances. Un tel gouvernement d'ailleurs ne maintiendrait pas la liberté d'exprimer son
opinion; le despotisme seul lui conviendrait. Mais,
moi, République, je ne dois pas craindre d'appeler la
contradiction et la lumière; et si des attaques injustes
m'étaient adressées, je dois avoir assez de raison et de
force pour les repousser victorieusement.

Il y a dans la question un côté industriel dont je ne
m'occuperai pas; je dirai seulement que les choses,
sous ce rapport, devraient être comme elles sont pour

les autres industries, soumises aux lois présentes et à venir qui peuvent les concerner.

Il est une objection à laquelle je veux répondre d'avance. On dira sans doute : une insertion administrative pourra renfermer des assertions, des imputations contre des tiers ; ceux-ci pourront-ils prendre à partie le journal où elles auront paru ? Auront-ils le droit de réponse, comme s'il avaient affaire avec le journal seul ?

Je dirai tout d'abord que le journal n'étant pas maître de ne pas insérer ce que l'administration lui présente, ne peut à cet égard encourir aucune responsabilité ni donner jour à aucun droit contre lui. Qu'on se rappelle qu'il s'agit d'un gouvernement où la liberté prévaut : je n'hésite point alors à affirmer que tous les droits des citoyens ne courraient aucun risque. Il est *possible* que des insertions sortent des limites où elles devraient se renfermer ; mais ce qui est *possible* ne se fait pas. Un homme sensé n'admettra jamais que sans provocation d'aucune sorte, un gouvernement libre se livrera à des agressions bénévoles contre qui que ce soit, et qu'il ne se bornera pas dans ses rapports avec la presse à tout ce qui sera strictement nécessaire au redressement de ce qui lui paraîtra erroné, avec inconvénient grave ou danger. Croit-on qu'un ministre anglais porterait impunément atteinte au droit du dernier des citoyens ? C'est que la liberté, là où elle existe, est a plus puissante et la meilleure des garanties.

Mais en admettant contre toute raison que l'abus ait

lieu, le citoyen qui croirait avoir à se plaindre ne serait pas désarmé; il aurait le même droit que tous les
citoyens fondés à poursuivre un fonctionnaire, qui,
comme tel, leur aurait occasionné un sérieux dommage;
la justice à coup sûr ne lui ferait pas défaut.

En dehors de ce que je propose ici, on aura beau
faire des lois sur la presse, et en serrer les mailles avec
le plus grand soin, on passera toujours à travers, pour
aller aux lieux défendus, et s'y étaler sans grand
risque.

Je finirai ce que je veux dire des journaux par cette
question : Est-il des réputations, des renommées, fon-
dées sur les plus honorables motifs, qui soient capables
de résister aux attaques incessantes de la presse, telles
qu'on les a vues, telles qu'on les voit encore? Et cette
destruction des renommées et des réputations n'est
que l'avant-coureur des révolutions, rendues faciles
par la suppression des meilleurs appuis des gouvernements, ainsi mis sans défense.

Il y a sur le compte de moi, République, des idées
déplorables de la part de ceux-là mêmes auxquels je con-
viens le plus, et qui se montrent mes plus ardents défenseurs. Si on les croit, partout où j'existe doivent exister
des lois qui me sont particulières, et qui n'ont rien de
commun avec les lois des autres gouvernements. Qu'ils
me permettent de leur dire, avec tous les égards qu'on
doit à des amis, et avec toute la franchise qui doit être
en moi, qu'ils se trompent étrangement, et me com-
promettent de la façon la plus malheureuse. Ne sait-on

pas que ce sont des hommes que je dois gouverner?
que les hommes sont partout et toujours les mêmes?
que partout ils demandent les mêmes lois pour les exciter ou les contenir, les exciter dans ce qu'a de bon
leur nature, les contenir dans ce qu'elle a de mauvais?
A côté des lois qui garantissent les droits, il en faut
d'énergiques, qui prémunissent contre les abus. Qu'on
se rappelle ce qui a été écrit il y a près d'un siècle et
demi, et approuvé de tous : *Que la vertu est le principe
des républiques.* Pourquoi? C'est que là plus qu'en tout
autre gouvernement les tentations de toutes sortes sont
possibles, et qu'il faut partout de la vertu pour résister
aux passions, aux ambitions, aux convoitises d'autant
plus grandes et d'autant plus communes, qu'elles ont
plus d'espoir et de chances de se voir satisfaites. On
peut donc dire qu'il faut sous un gouvernement républicain des lois plus prévoyantes et plus répressives
que sous tout autre. Est-ce là ce qu'on est disposé à
faire?

Le but de tout gouvernement est d'assurer à ceux à
la tête desquels il est la plus grande somme de prospérité possible; et ce mot *prospérité* a pour moi le sens le
plus étendu, et s'applique aux choses morales comme
aux choses matérielles. Ce qu'on attend de moi (je
parle surtout de ceux qui me regardent comme la meilleure forme de gouvernement), c'est de pourvoir plus
qu'un autre à cette prospérité. Mais pour cela on me
met dans une singulière position. Au lieu de poser le
principe et de chercher par quel moyen on pourrait lui

donner corps, on dit par exemple : Le suffrage universel est de droit naturel. Mais si le suffrage universel
était de telle nature, qu'il fût incapable d'amener cette
prospérité, s'il était plutôt fait pour la compromettre et
l'éloigner, qu'on voie dans quelle situation on me place
et à quelles conséquences on m'expose!

On demande encore en mon nom une chose qu'on
regarde comme d'une grande importance pour moi, et
sans laquelle on dirait presque que je ne peux pas
vivre; c'est la nomination des maires par les corps municipaux. D'autres naguère avaient espéré tirer avantage de cette nomination, qu'ils avaient voulue, mais
qui a trompé leur attente. Malheureusement, comme je
l'ai déjà dit, on consulte bien plus ce qu'on croit son
intérêt souvent mal compris, que l'intérêt général
qu'on devrait seul avoir en vue. Au premier aspect,
il y a dans cette nomination quelque chose de séduisant : l'élection ne va-t-elle pas prendre les plus capables et les plus dignes? Qui pourrait ne pas vouloir
cela? Qui ne le voudrait en effet, si l'on croyait que
cela dût être? Mais, hélas! il faut se défier de cette
perspective si belle et voir les choses comme elles sont,
dussent-elles offrir un aspect qui ne nous convient pas.
Il n'y a pas seulement l'administration du maire avec
le concours des conseillers municipaux; il y a de plus
une chose capitale pour la société, chose dévolue au
maire seul, c'est la police, dans l'acception la plus
large du mot. D'abord les corps municipaux n'osent
plus aujourd'hui dresser de listes pour le glanage. Le

maire, lui, voudra-t-il, osera-t-il à son tour prendre des mesures utiles et justes, qui pourront froisser, qui froisseront à coup sûr uue partie de ceux qui prennent aujourd'hui part à l'élection? Nommé par ses pairs, les poursuivra-t-il quand ils seront en contravention? Réprimera-t-il les anticipations? Fera-t-il la guerre au braconnage, qui glisse si facilement dans le vol et dans le crime? Les délits, les vols, les crimes eux-mêmes le trouveront-ils disposé à en rechercher les auteurs au besoin et à les soumettre aux chances de la peine qu'ils auront méritée? S'il ne le fait pas, quelles conséquences pour la société! S'il le fait, que d'ennemis alors il se crée, et de la part de ceux qui vont devant les tribunaux de répression, et de la part de tout ce qui tient à eux, ou qui craint un sort pareil! Joignez à cela les rivalités fréquentes qui existent dans les communes, et dites si la coalition de tous ces éléments n'abattra pas le maire, s'il en est, qui aura loyalement, courageusement fait son devoir. Et par qui sera-t-il remplacé? par quelqu'un assurément qui fera le contraire de ce qu'il a fait. Est-ce là, républicains, ce que vous voulez? Et ne croyez pas que je charge le moins du monde le tableau : je connais la nature humaine et l'état des choses; je les montre et voilà tout. Vous avez compris, à la suite d'une terrible expérience, qu'il ne fallait plus faire nommer le président de la République par le suffrage universel. N'attendez pas que l'expérience, qui a déjà donné ses leçons pour les maires, recommence et en offre de nouvelles. Vous les éviterez en faisant dépendre le moins possible les maires de l'élection communale, et vous donnerez ainsi de votre esprit politique une favorable idée.

Je voudrais n'avoir que des approbations à donner à tous les vœux de ceux qui se disent mes amis : je crois à la droiture de leurs intentions, et à leur volonté de faire le bien; mais ces intentions peuvent quelquefois les égarer, et en me compromettant les éloigner du but qu'ils veulent atteindre. Je vois avec regret et avec peine des républicains chercher à éteindre et à effacer le sentiment religieux dans l'homme, et, au lieu de cet être supérieur, roi de la création, dont il conçoit, adore et prie l'Auteur, à en faire un être placé dans la catégorie des autres êtres, et distingué seulement comme eux par des caractères qui lui sont propres. Et pourquoi veulent-ils cela? Croient-ils ajouter par là au bonheur de l'humanité? En quoi consiste le bonheur? Réside-t-il dans les satisfactions matérielles? Alors Napoléon Ier et Napoléon III, après nos immenses désastres et leur chute, auraient été heureux, le premier à Sainte-Hélène, le second, d'abord dans le palais où il était prisonnier en Allemagne, puis dans sa résidence anglaise ; car rien de ce qui peut combler les goûts et les appétits naturels ne leur faisait défaut. Personne, j'imagine, n'oserait avancer une pareille chose. Le bien-être seul n'est donc pas fait pour donner le bonheur, il peut y contribuer, sans doute, dans de certaines limites; mais pour avoir le bonheur durable, et toujours à sa portée, il faut autre chose. L'homme, quoi qu'on dise et quoi qu'on fasse, est un être à part dans la création; seul il a dans toute sa vie des aspirations, qui l'enlèvent au présent, pour le porter dans l'avenir qui semble fait pour lui; seul il souffre de la souffrance morale, bien plus que de la souffrance physique. Qui donc adoucira l'une et l'autre, si l'on parvient à détruire en lui cette idée, qui lui est naturelle, d'une vie à venir, pour laquelle la vie présente est une préparation, et où sera la récompense, où sera le châtiment aussi? Otez ce sentiment, quel sera le sort du malheureux qui ne connaît ici que la douleur, qu'il apporta en naissant, et à laquelle rien ne peut le soustraire? C'est pour lui un supplice permanent, qu'il sera plus tenté de finir lui-même que de le supporter sans espoir. Mais que le sentiment religieux l'anime, que la foi dans une vie à venir l'occupe, il y verra comme un gage de compensation, qu'il attendra d'autant plus patiemment, qu'il aura *un avant-goût de la possession dans l'espérance.* Et ce qui a lieu pour l'infortuné dont je parle s'appliquera également à tous ceux que le malheur atteint dans ses mille formes variées: il n'y a pour eux d'atténuation, de consolation, de remède que là.

On disait autrefois, en s'adressant à la Rome de la république : *Tu dois ta puissance à ta soumission aux Dieux.* On ne croyait pas alors que le sentiment religieux fût une faiblesse et une duperie: on le regardait au contraire comme ayant fait la grandeur de la république romaine.

Je veux signaler ici l'un des plus grands dangers qui menacent mon existence. On croit que mon nom est comme un talisman qui va changer magique-ment la condition du grand nombre et lui donner des avantages promis, espérés par mon avénement. J'ai déjà dit combien c'était là une funeste erreur, sans que rien soit capable de la déraciner. Elle subsiste donc, et portera, je le crains bien, des fruits amers pour moi.

Lorsque dans une société politique tous sont soumis à la même loi, devant laquelle ils sont égaux; lorsque toutes les positions sont accessibles à tous, lorsqu'il n'y a pas de privilége constant d'aucune sorte; lorsque la liberté existe, et que chacun est maître de son tra-vail, qu'il applique et qu'il porte où il veut, il y a en elle les éléments essentiels de la dignité de l'homme et de son activité sans entrave : on peut dire qu'il est ainsi maître de son sort. Sans doute, des lois sages et justes peuvent lui venir en aide dans une certaine me-sure, qui n'est jamais bien grande; ces lois, on doit les chercher et les établir; mais c'est surtout de lui-même que dépend sa destinée, il faut qu'il en soit convaincu, et rien, rien ne le dispensera du travail, parce que rien de ce qui lui est nécessaire n'arrive à son usage que par là.

On doit reconnaître encore qu'il se trouvera des cir-constances, dont on dépend fatalement, qui parfois rendront la vie de quelques-uns pénible, et les moyens de la soutenir insuffisants. Cela sera fâcheux, sans doute, mais cela se verra. Qui donc apportera du soulagement à ces souffrances? Je me plains qu'on n'accorde pas assez d'attention au cœur humain, qu'on ne le connaisse pas assez, et qu'à la suite de cette ignorance on s'engage dans des voies sans issue, ou plutôt au bout desquelles sont des abîmes. Combien n'y a-t-il pas aujourd'hui, combien n'y a-t-il pas eu en tout temps, combien n'y aura-t-il pas toujours de ces privations, de ces souffrances, qui échappent à l'action de la société organisée, mais qui ont trouvé, trouvent et trouveront tout au moins un allégement dans *la charité,* c'est-à-dire l'amour et la bienfaisance; *la charité,* que Dieu a mise au cœur de l'homme, et que rien n'en arrachera; *la charité,* que la religion chrétienne élève au-dessus de tout, et qui verse son baume sur les plaies qu'elle connaît et dont elle adoucit la peine, quand elle ne la supprime pas. Sans la charité, dont on semble aujourd'hui ne tenir aucun compte, soyez certains que bien des maux resteraient sans soulagement. Il y a dans les œuvres de Dieu une harmonie merveilleuse, quand on a de ces œuvres une juste idée.

Je sais bien qu'avec ce langage de vérité, je serai aux yeux de trop de gens indigne du nom que je porte et peut-être accusée de trahison. J'aurais le sort alors de tous les vrais amis du peuple, qui veulent le servir, non le séduire et le tromper. Vous, républicains sensés et honnêtes, qui savez qu'il y a des nécessités sociales qu'il faut subir, et qu'il n'est pas plus possible d'éviter que de prévenir les tremblements de terre, les orages portant la destruction et le feu, les maladies qui s'abattent imprévues sur des contrées qu'elles ravagent, etc.; vous ferez tout ce que votre patriotisme, votre amour des hommes, vos lumières vous dicteront pour le bien général de la société; mais vous ne supprimerez pas tous les inconvénients, tous les maux inhérents à cette société, et à la nature humaine; vous savez que malgré vos efforts il en restera toujours une partie, trop grande, hélas! On croit pourtant qu'il est possible de les faire disparaître, et cette croyance les aggrave et les envenime, parce qu'à la souffrance réelle se joint l'idée qu'elle cesserait si elle n'était maintenue par la mauvaise volonté, l'intérêt ou l'ignorance de ceux qui dirigent l'État.

C'est alors que vous verrez des hommes promettre sans hésiter que s'ils étaient à sa tête ils anéantiraient résolûment, sûrement ce qu'ils appellent des injustices, dont le peuple souffre. Croyez-vous qu'ils ne l'attireront pas à eux par de pareilles amorces? Comment aujourd'hui montrer que ces amorces sont trompeuses, sont empoisonnées? Je ne puis faire ici un cours de science sociale ; mais qui pourra faire voir que c'est le capital accumulé par l'épargne qui alimente et entretient le travail? que porter atteinte à ce capital, c'est amoindrir la prospérité publique? Ce qui le prouve, c'est que toutes les fois qu'inquiet, il se resserre et se retire, le travail à l'instant même se ralentit, le taux des salaires s'abaisse, la gêne tout au moins arrive; et les choses ne reprennent leur cours régulier que lorsque, la confiance revenue, le capital reparaît et vivifie tout.

Qui montrera que l'essai seul de mise en pratique de doctrines sur la propriété, répandues dans une partie que je n'hésite point à dire grande de la population, qui montrera que cet essai, s'il était fait, engendrerait la misère, la ruine et la dégradation communes ? Et qu'on ne dise pas que ces doctrines sont des chimères ; on prouverait ainsi qu'on ne connaît pas ceux pour lesquels on veut faire des lois.

Quand donc des hommes viendront dire au peuple : *Nommez-nous, et nous ferons disparaître tous vos maux,* croyez-vous que le peuple qui croit cela possible, parce que je suis son gouvernement, et qui ne me veut peut-être que pour cela, croyez-vous qu'il n'ira point à eux et qu'il n'en fera point ses élus ? Je veux qu'ils ne forment pas d'abord la majorité; cependant l'émission de leurs doctrines, de leur volonté de rénovation sociale ne mettra-t-elle pas le trouble, l'inquiétude dans les esprits ? Vous direz en vain qu'ils ne seraient pas les maîtres, et que rien ne serait à craindre d'eux. Empêcherez-vous de prévoir qu'ils pourront l'être un jour ? Précisément parce qu'ils n'auront point été assez nombreux pour réaliser leurs promesses, ils auront des chances bien grandes de le devenir. Nous n'avons pas fait ce que nous avons voulu, diront-ils, parce que nous n'étions pas assez de monde ; faites que nous puissions imposer notre volonté, et vos vœux seront comblés. Êtes-vous sûrs que leur invocation sera sans effet ?

Et s'ils étaient la majorité ! — Oh ! vous auriez alors, dira-t-on, le Sénat qui serait un insurmontable obstacle aux projets de bouleversement. D'abord, sera-t-il animé de l'esprit qu'on présume ? Mais je veux qu'il le soit. La lutte s'engagerait entre eux, non pas pour anéantir la république, non pas en apparence pour violer la loi constitutionnelle, mais pour faire des lois dans l'intérêt prétendu du peuple. D'un côté seraient ceux qui se donnent comme ses défenseurs, qui veulent être et qui seraient ses bienfaiteurs, s'ils ne trouvaient un empêchement dans le Sénat. Eux sont les élus de la nation, les véritables représentants de la souveraineté, arrêtés dans leur volonté et leurs efforts pour le bien public par les représentants d'une infime minorité, vouée à la défense des intérêts de quelques-uns au détriment des intérêts du grand nombre. Tout cela ne sera pas vrai, d'accord ! Est-ce une raison pour que tout cela ne soit pas accueilli, poursuivi avec ardeur, avec emportement ? Aura-t-on recours à la dissolulution ? On pourrait à la suite espérer des choix meilleurs ; on pourrait en avoir de pires. Quelle incertitude ! Quel sera le rôle du président de la république ? Quelle sera ma position à moi-même ? Si la violence arrivait, de quelque part qu'elle vînt, elle me serait mortelle.

Je ne veux point aller plus loin dans l'exposition de tout ce qu'on peut voir, et dont le passé nous a donné le spectacle. Mais je demande ce que deviendrait la confiance, la sécurité dans de telles conjonctures; je demande où serait cette prospérité, le premier besoin des gouvernements et des peuples; je demande si on ne verrait pas la crainte, la gêne et la détresse, dont on voudrait sortir à tout prix. C'est alors que se présentent ces sauveurs sur le compte desquels les peuples ne se montrent guère difficiles. Entendez-vous les bonapartistes disant : Qu'est devenue cette prospérité dont vous jouissiez sous l'empire? Il n'est pour vous qu'un moyen de la retrouver : c'est de rétablir cet empire fondé par la volonté nationale, et que l'usurpation de quelques hommes a supprimé pour votre malheur. Refaites l'empire, et avec la stabilité que votre souveraineté lui donnera, vous, ouvriers, artisans, au bonheur desquels il s'était consacré, vous qui serez encore l'objet de son dévouement sans bornes, vous jouirez d'une prospérité dont rien ne peut donner l'idée. Oserez-vous dire, républicains, que cette prospérité dont se vante l'empire est attachée à tous les gouvernements qui donnent l'idée de leur fixité et de leur durée? qu'après le 18 brumaire, elle vint sous le consulat et grandit sous l'empire? qu'elle se développa chaque jour davantage sous la restauration et sous la monarchie de Juillet? qu'arrêtée après la révolution de Février, elle reprit avec le second empire, pour s'arrêter encore après nos désastres ? Et puisse-t-on aujourd'hui ne pas dire avec vérité: après la république !

Vous croirez peut-être détourner le peuple de l'empire en lui rappelant Strasbourg, Boulogne, le Deux Décembre? Que lui font Strasbourg et Boulogne ? Et n'a-t-il pas ratifié le Deux Décembre ? Il faut le dire aussi : quand une nation n'a le choix qu'entre l'anarchie et le despotisme, de deux maux elle choisit le moindre, et le despotisme pour elle est un moindre mal que l'anarchie. Vous mettrez sous ses yeux Sedan, nos provinces ravagées, nos villes brûlées, le sang versé de cent mille Français, l'Alsace et la Lorraine perdues, cinq milliards de rançon payés, cinq autres milliards dépensés par la guerre, sept cents millions de nouveaux impôts permanents ajoutés à nos impôts anciens, notre influence dans le monde détruite; le peuple sait tout cela apparemment et n'en est point arrêté dans sa propension vers l'empire. Vous lui direz que la liberté n'existera plus, que le despotisme le plus complet pèsera sur la France ; il n'est point sensible à cela. J'ai déjà dit, après d'autres, qu'il n'y a qu'un nombre relativement petit d'hommes qui souffrent de l'absence et de la perte de la liberté. Ce que veut le peuple, c'est vivre. A-t-il tort? Et le tort n'est-il pas aux gouvernements qui ne savent pas lui assurer un état où son existence soit aussi régulière et durable que possible ? Et si à cela un gouvernement savait mettre dans les esprits, avec le respect de la loi, un juste sentiment de la grandeur de l'homme et de sa dignité, et la conviction que toute sa destinée ne s'accomplit pas sur la terre, il aurait fait tout ce qu'on peut attendre de lui.

Ne dites pas, ô républicains, que je parle irrespec-
tueusement du peuple. Tout ce que je signale, ne le
voyez-vous pas, ne le croyez-vous pas vous-mêmes ?
Et n'est-ce pas ce qui vous fait repousser le plébiscite,
expression, il faut bien le dire, la plus franche et la
plus claire de la souveraineté nationale, qui semblait
un dogme pour vous, et qui ne serait plus qu'un pro-
blème dont on attend la solution ? Je dis l'expression
la plus franche et la plus claire ; car pour le plébiscite
la question est posée nettement : voulez-vous la république, la monarchie, l'empire ? Et chacun par son
vote exprime sa volonté du moment ; car souvent
peuple varie. Redoutant la manifestation de ce que
peut vouloir le grand nombre, vous défiant par là
même du suffrage universel, vous légitimez mon langage et partagez mon sentiment, quand je vous disais
que ce suffrage ne m'inspirait pas confiance.

Vous allez organiser mon gouvernement et le mettre
en exercice ; vous allez ainsi faire ma destinée. Il ne
faut pas vous le dissimuler, si mon gouvernement est
le plus beau, le plus noble et le plus digne entre tous,
il est aussi le plus difficile, le plus laborieux, celui qui
exige le plus de lumières, de vigilance, de désintéressement et de dévouement ; sans tout cela je ne suis pas
possible. Vous le voyez donc, c'est une délicate et re-
doutable besogne que la vôtre, et ce serait en même
temps une responsabilité terrible, si elle ne s'épar-
pillait entre tous, et n'était par conséquent à
personne.

Ne trouvez pas irrévérencieux que j'examine ce qu'ont été les constitutions délibérées par des assemblées avant vous. En Amérique, si l'on excepte celle des États-Unis, toutes les autres constitutions semblent n'avoir voulu que préparer les révolutions qui sont en permanence dans les pays où elles existent. En Europe, que sont devenues les constitutions espagnoles? Qu'est devenue la constitution élaborée à Francfort en 1848? En France, oh! c'est là surtout que les constitutions se succèdent, s'accumulent dans leur chute précipitée! Celle de 1791, celle de 1793, celle de l'an III, celle de l'an VIII, la constitution impériale, les articles additionnels à la charte en 1815, la constitution de 1848! On n'a vu de durée, et de durée encore bien courte, hélas! qu'à la charte de 1814, à peine altérée par les législateurs de 1830; elle a donné à la France un tiers de siècle de sécurité, de liberté, de dignité, de prospérité. C'était l'œuvre d'un seul. La constitution du second Empire a duré dix-huit ans, vous savez comment.

Si je remonte dans l'antiquité, j'y vois les législateurs uniques de Sparte, d'Athènes, de Rome, donner à ces villes des constitutions républicaines, quoique avec des rois quelquefois, constitutions qui leur assurèrent de nombreux siècles d'une glorieuse existence. Ces rois, dans les républiques, étaient comme des recteurs, ainsi que leur nom l'indique, et n'étaient pas sans quelque rapport, peut-être, avec les rois constitutionnels des temps modernes.

Comment se fait-il que des lois, œuvres d'un seul

homme, l'emportent ainsi sur celles sorties de corps nombreux ? Cela est tout simple.

Observez d'abord que le nombre des grands législateurs est petit ; c'est qu'en général le nombre des hommes de génie est très-limité : ce nombre se compose de tous ceux qui excellent avec une supériorité inabordable dans le genre auquel ils se livrent, ou vers lequel ils sont entraînés. Mais l'homme de génie, dans un sens, y est en quelque sorte parqué, et n'étend pas sa supériorité au delà. Je ne sais s'il existe plus d'un homme qui ait eu comme un double génie, et cet homme est Michel-Ange, aussi grand architecte que grand peintre. Lycurgue n'eût pas été Homère, ni Homère Lycurgue ; Démosthène n'eût pas été Sophocle ; Cicéron n'eût pas été Virgile, on le sait bien ; Molière n'eût pas plus été la Fontaine, que la Fontaine Molière ; Racine n'eût pas été Bossuet. Cependant, les idées communes font de toute supériorité marquée en un genre une supériorité générale, qu'on n'a point vue jusqu'ici. Quand d'ailleurs un homme à qui est venue une renommée plus ou moins légitime veut étendre ses ailes au delà de son nid, c'est alors qu'il montre combien ses ailes sont petites, et combien est exagérée la réputation qui s'était attachée à lui ; cela ne s'est que trop vu. Le véritable génie se connaît, et reste sur les hauteurs où il est parvenu ; il sait qu'il ne les quitterait pas sans dommage.

Quand donc un législateur de génie devait donner des lois à un peuple, ses idées n'étaient contrariées par personne. Connaissant bien l'homme, en général, et connaissant bien les hommes auxquels devaient s'appliquer ses lois, il les combinait sans aucune vue personnelle, pour éviter le plus possible d'inconvénients, et procurer le plus possible aussi d'avantages de toute sorte, et il y réussissait.

Dans les grandes assemblées, au contraire, placez un homme de génie politique; que sera-t-il à l'égard de ses collègues? Il verra les choses autrement qu'ils ne les voient eux-mêmes, précisément parce qu'il leur sera de beaucoup supérieur : s'il les voyait comme eux, c'est qu'il n'en différerait pas. Sa supériorité le mettra donc à part et fera sa faiblesse. Tout au plus sera-t-il suivi par un petit nombre d'hommes de bon sens, d'un jugement droit, sans prétention, et qui s'honoreront en subissant son influence justement appréciée. Dans tout le reste, il ne trouvera que des adversaires et sera complétement effacé. Le champ appartiendra aux médiocrités, qui sont communes; et ce seront ces médiocrités qui engendreront la constitution. Chacun voudra y mettre sa marque; chacun voudra y coudre un lambeau; chacun apportera ses passions, ses petitesses, sinon son intérêt personnel, tout au moins l'intérêt de son parti : l'intérêt général disparaîtra. Prenez maintenant les hasards et les caprices du scrutin, répété à tout propos; voyez quelles méprises peuvent en sortir, et vous comprendrez les bigarrures, les imprévoyances, les inconséquences de ces constitutions infinies, parce que leurs auteurs, qui voient

sans ensemble, n'abrégent rien ; au lieu que celui
qui voit tout en même temps, concentre et abrége
tout sans rien omettre d'essentiel.

A Dieu ne plaise que je veuille croire à rien de pareil
dans l'Assemblée qui s'occupe de moi, et cherche à me
faire vivre ! Que je serais heureuse si l'on faisait de moi
un abri sûr, sous lequel pussent se mettre tant de Français, qui en seraient heureux eux-mêmes, et auxquels
le passé laisse sur mon compte des préventions qu'il
faudrait détruire ! Que l'Assemblée le sache bien ! une
seule fausse manœuvre peut devenir compromettante :
que serait-ce si les fausses manœuvres se multipliaient ?
Je sombrerais alors comme mes aînées. C'est là le
triste avenir qui me préoccupe pour la France, à
laquelle je voudrais qu'on épargnât de nouvelles humi-
liations et de nouveaux malheurs. Car, si je ne puis
durer, par qui serai-je remplacée ? J'ai beau chercher
et vouloir après moi un gouvernement tout à la fois
régulier et libre, si je tombe, je tomberai sans doute
à la suite de la violence, et les gouvernements modérés
ne succèdent jamais à la violence. L'état présent des
esprits et des choses n'est-il pas tel, que moi, République, je serai réduite à être le troisième vestibule de
l'empire ? S'il en était ainsi, la pente rapide, sur
laquelle la France serait lancée, la mènerait prompte-
ment au bas empire. Pourrait-on dire d'elle alors : Elle
a le gouvernement qu'elle a mérité !

PARIS. TYPOGRAPHIE DE A. PLON ET Cⁱᵉ, RUE GARANCIÈRE, 8.